Astrología

Guía de la sabiduría astrológica para principiantes

Contenido

Introducción

A lo largo de su órbita, la Luna aparece y desaparece de nuestros cielos. A veces asoma la cabeza entre nubes densas, otras veces es la estrella del espectáculo en una noche despejada. De vez en cuando, incluso es visible durante el día, cuando la luz del Sol le da en el ángulo adecuado, y su presencia añade un poco de magia a nuestra vida cotidiana. Con ella, las mareas suben y bajan, invadiendo y retirándose lentamente de nuestras playas y costas. Los veraneantes observan cómo las aguas se acercan al lugar donde han colocado sus sombrillas y toallas, mientras que los pescadores planifican su jornada en función del momento en que las mareas serán mejores para ellos. Las aguas de nuestra Tierra están bajo su control, y es una hermosa comandante.

La población humana también se ve afectada por la órbita constante de la Luna alrededor de nuestro planeta. Cualquier médico te dirá que suele haber más accidentes y lesiones alrededor de la luna llena, y los pacientes también suelen estar más agitados en esa época. Hay más crímenes violentos y comportamientos extraños, entre otras cosas. Nuestro mundo se convierte en un lugar más peligroso dependiendo de dónde se encuentre la luna en su ciclo. Un estudio realizado en 2013 demostró que las personas tienen un 30% menos de sueño profundo durante la luna llena, lo que puede ser en parte responsable de estos sucesos, pero la ciencia moderna aún no puede darnos una explicación completa. También sabemos que hay picos en ciertos acontecimientos cuando hay un evento solar, incluyendo ataques al corazón, suicidios, derrames cerebrales y episodios psicóticos.

Sabiendo que la Luna y el Sol influyen en nuestra vida cotidiana, ¿es tan descabellado pensar que otros cuerpos celestes puedan influir en nosotros? La órbita de nuestro planeta y las órbitas de los demás planetas del sistema solar se equilibran mutuamente y crean una paz única que ha tardado millones de años en alcanzarse; así que, ¿quién puede decir que la ubicación de Júpiter en el cielo no cambia los acontecimientos y sucesos aquí en la Tierra?

La astrología se define como "el estudio de los movimientos y posiciones del sol, la luna, los planetas y las estrellas, en la creencia de que afectan al carácter y la vida de las personas". Los astrólogos utilizan las matemáticas precisas y la astronomía como herramientas para predecir lo que ocurrirá aquí en la Tierra, e incluso pueden decir mucho sobre la personalidad de una persona a través de la posición de los planetas y las estrellas en el momento de su nacimiento. Con un poco de estudio, lectura y una mente abierta, también puedes desvelar los secretos del Universo y utilizarlos en tu beneficio.

¿Cuándo es el mejor momento para empezar un nuevo negocio? ¿Cuándo es el mejor momento para volver a descargar esa aplicación de citas que has abandonado? ¿Cuándo debes programar tus vacaciones y cuándo remangarte y trabajar? Lo creas o no, la astrología puede ayudarte con todas estas preguntas y muchas más. Este libro pretende guiarte a través de los fundamentos de la astrología, enseñándote cómo incorporar las ideas rudimentarias de ésta a tu vida diaria, a la vez que te prepara para estudios más profundos si decides dedicarte a ellos. A través de esta guía para principiantes, aprenderás lo siguiente y mucho más:

- La historia y los orígenes de la astrología

- Los 12 signos del zodiaco y los rasgos asociados a ellos

- Más colocaciones como la Luna, el ascendente y Lilith

- Cómo utilizar las colocaciones astrológicas para determinar tu compatibilidad con los demás

- Definir los movimientos planetarios como los Retrogrados y los Retornos

- Cómo pueden afectar los movimientos planetarios a tu vida diaria

- Cómo utilizar la astrología en tu beneficio

Con estos conocimientos, dispondrás de una base sólida de información que te permitirá coger *cualquier* libro de astrología con facilidad y ser capaz de entenderlo. También estarás preparado para incorporar los conceptos básicos a tu rutina diaria, ¡así que no tendrás que esperar demasiado para verte mejorar a ti mismo, a tus relaciones y a tu vida! Dar el primer paso en la astrología es extremadamente emocionante, ¡y estoy deseando ver lo que consigues!

Capítulo 1: Conceptos básicos

¿Qué es la astrología?

En resumen, la astrología es el estudio del movimiento de múltiples cuerpos celestes como el Sol, la Luna, los planetas, las estrellas e incluso los asteroides, con la esperanza de aprender cómo su posicionamiento se correlaciona con nuestras personalidades y los acontecimientos de nuestra vida cotidiana. También se utiliza para la "adivinación", la práctica de predecir el futuro. Muchas personas recurren a la astrología para determinar su compatibilidad sentimental con alguien, el resultado de una decisión importante (como un cambio de carrera) y muchas cosas más. Aunque vamos a tratar algunas astrologías de otras culturas, nos centraremos principalmente en un estilo llamado "astrología occidental". Esta forma de astrología se centra en los 12 signos del zodíaco: Aries, Tauro, Géminis, Cáncer, Leo, Virgo, Libra, Escorpio, Sagitario, Capricornio, Acuario y Piscis.

Cuando la gente dice que es uno de esos 12 signos, como "soy Leo" o "soy Capricornio", se refiere a su signo solar. Esto significa que el Sol estaba situado en la zona del cielo regida por ese signo concreto. Con el tiempo, muchas personas empezaron a utilizar solo su signo solar, ya que ese signo se considera el "verdadero" yo, pero la mayoría de los astrólogos estarán de acuerdo en que ésta es una versión muy simplificada de la astrología occidental. Para obtener una visión completa de la personalidad de un individuo, también hay que fijarse en la posición de los demás planetas en el momento de su nacimiento, lo que nos da lo que denominamos "carta astral" o "carta natal". A partir de esta carta, un astrólogo puede hacer predicciones detalladas sobre muchos aspectos de la vida de una persona.

Dentro de la astrología occidental, existen varias formas de interpretación que persiguen objetivos diferentes:

- **Astrología mundana:** ¿Sabías que los acontecimientos, los inventos y las catástrofes también tienen astrología? A través de esta forma de astrología, la gente trata de predecir el resultado de ciertos eventos, prever desastres naturales y más.

- **Astrología interrogativa:** A través de esta forma de astrología, alguien puede buscar respuestas a preguntas específicas que pueda tener sobre su propia vida o la de los demás. También puede centrarse en los acontecimientos que han sucedido en la vida de una persona, similar a la astrología mundana pero a menor escala.

- **Astrología Natal:** Esta es la forma de astrología con la que la mayoría de la gente está familiarizada y de la que trataremos más en este libro. Esta forma se centra en la carta natal de un individuo y utiliza la "Ley de los Comienzos"; es decir, la idea de que todo lo que le sucede a algo está determinado durante su comienzo. Aplicado aquí, eso significa que la vida de una persona puede verse en la carta astral cuando nació.

Astrología vs Astronomía

Aunque estos dos términos son similares en ortografía y pronunciación, tienen significados *muy* diferentes. Astrología" se refiere al estudio de las posiciones de los planetas para predecir la personalidad, el futuro u otros detalles de la vida de una persona. Astronomía", sin embargo, se refiere al amplio estudio del espacio. Los astrónomos tratan de aprender más sobre las estrellas, los sistemas solares y el Universo en su conjunto, y normalmente no hay cualidades adivinatorias o espirituales en el estudio.

Sin embargo, estos dos campos no se separaron hasta una época *muy* reciente. No fue hasta finales del siglo XVII, cuando Isaac Newton propuso teorías sobre el movimiento de los planetas, cuando se produjo una división en la forma de estudiar el espacio y se utilizaron palabras diferentes para describir estos estudios. En la actualidad, la gente parece enfrentar la astronomía y la astrología. Lo ven como una cuestión de "religión contra ciencia" y se burlan de los astrólogos por hacer sus predicciones. Sin embargo, como ocurre con muchas cuestiones a este respecto, ambos estudios se ayudaron mutuamente durante gran parte de la historia. La astronomía, tal y como la conocemos, no existiría si los astrólogos no hubieran presionado para mejorar la tecnología, la ciencia y las matemáticas que les ayudaran a leer mejor las estrellas y a entender lo que su movimiento significaba para los que estamos en la Tierra. Incluso hoy en día, los mejores astrólogos son los que tienen un profundo conocimiento de la astronomía y saben interpretar los movimientos planetarios.

La historia de la astrología

Aunque la investigación moderna ha confirmado que los cuerpos celestes influyen en nuestra sociedad, la astrología es un arte antiguo. Tal vez te sorprenda saber que la astrología existe desde hace casi 4.000 años, mientras que la civilización tal y como la conocemos solo existe desde hace unos 6.000 años. Esto significa que la astrología lleva con nosotros casi tanto tiempo como el que llevamos cultivando, escribiendo y construyendo casas. Mucho antes de que pudiéramos confirmar los conceptos de la astrología con la ciencia, nuestros antepasados sabían que el movimiento de las estrellas y los planetas *tenía* que tener poder, y trataron de definir *exactamente* cuál era ese poder; pero con una tecnología limitada, ¿cómo sabían qué buscar en su búsqueda? ¿Qué civilización descubrió esta sabiduría que cambia la vida y cómo se extendió por todo el mundo? ¿Difirió la astrología de una cultura a otra? ¿Y cómo cambió la astrología con el paso del tiempo?

Para responder a estas preguntas, retrocederemos en el tiempo unos 4.000 años, hasta el Imperio Babilónico.

El Imperio Babilónico

En el actual Irak, durante el segundo milenio antes de Cristo, la civilización de Babilonia se asentaba cómodamente como el centro de la vida humana en su rincón del mundo. Era la capital de Babilonia y bullía de vida. Sus gentes se habían vuelto tan competentes en la agricultura, la ganadería y el regadío que podían centrarse en algunos de los detalles más sutiles de la vida, como la escritura y el arte. También albergaba los míticos "Jardines Colgantes", descritos en términos tan místicos y sobrecogedores que los historiadores modernos se preguntan si fueron *reales*. Algunos creen que fue construido por el rey bíblico Nabucodonosor II, y otros creen que no era más que una leyenda. Los antiguos babilonios también heredaron una serie de historias que provenían de sus antepasados más nómadas;

los cuentos de "constelaciones", las imágenes que la gente veía en el cielo. Casi todas las civilizaciones tenían sus propias ideas sobre qué personas, animales y criaturas míticas existían en las estrellas, pero los babilonios fueron los primeros en darles definiciones concretas y ponerlas por escrito. Fueron su imaginación e ingenio los que nos dieron los 12 signos del zodiaco.

Los babilonios eran expertos en trigonometría e incluso desarrollaron un método para seguir los movimientos de Júpiter que los astrónomos siguen utilizando hoy en día. También utilizamos sus técnicas para medir el tiempo y estudiar cómo ha cambiado la rotación de la Tierra desde los tiempos de su imperio.

A través de los viajes, el comercio y el paso del tiempo, estos conceptos acabaron llegando a los antiguos egipcios. Como ya sabrás, los egipcios son famosos por sus matemáticas precisas y la importancia que concedían al Sol, las estrellas y otros cuerpos celestes. Desarrollaron aún más las ideas de los babilonios y crearon un detallado sistema astrológico llamado "astrología horoscópica", que utiliza una representación visual de las posiciones de las estrellas para trazar dónde se encontraban en el cielo en un momento determinado. Todavía hoy utilizamos la astrología horoscópica, y debemos agradecérselo a los egipcios, pero no fueron ellos quienes difundieron el sistema por todo el planeta. La civilización responsable de esa ingente tarea serían los griegos.

La antigua Grecia

A través de su conquista de Asia, que le llevó por Siria, Persia, Asia Central y Babilonia, Alejandro Magno se apoderó de muchos de los registros y tecnologías utilizados por los astrólogos. No tardaron en convertirse en parte habitual de la vida griega. Tradujeron el cuneiforme, el estilo de escritura de los babilonios, al griego, y con las traducciones llegaron todos los conocimientos y la sabiduría del pueblo babilonio. Junto con la transferencia de la literatura llegaron algunas personas que estaban dispuestas a educar a los griegos sobre la astrología, como Beroso, un sacerdote de Bel de Babilonia. Alrededor del año 280 a.C., Beroso comenzó a enseñar astrología y otras partes de la cultura babilónica al público griego.

El astrónomo, astrólogo y matemático griego Ptolomeo publicaría una obra titulada "Tetrabiblos" que consolidó la visión occidental de la astrología a partir de ese momento. Si alguna vez tienes la oportunidad de leer este libro, te darás cuenta de que la mayoría de los detalles no han cambiado con respecto a cómo vemos la astrología en nuestro mundo moderno. Hubo, sin embargo, una serie de detalles sobre su visión del Universo que se corregirían con el tiempo; por ejemplo, Ptolomeo pensaba que Marte era tan seco debido a su proximidad al Sol, por lo que supuso que era el planeta más cercano al Sol en lugar de Mercurio. Sin embargo, a pesar de sus errores, Ptolomeo era un científico respetado que abordaba su materia con ojo analítico, y su obra sigue siendo muy respetada.

Ptolomeo no fue el único escritor griego que ayudó a crear el zodiaco tal y como lo conocemos. A Doroteo, autor del Pentateuco, también se le atribuye la creación de la astrología moderna. Principalmente tenemos acceso a este libro a través de una traducción árabe que se creó aproximadamente alrededor del año 800 d.C., y la obra sigue estando en gran parte fragmentada y quizás corrompida por los traductores, pero sí sabemos que la obra fue extremadamente influyente en su época e influyó en futuros astrólogos de muchos ámbitos de la vida.

La Edad Media

En la Edad Media, sobre todo en Europa, la astrología se utilizaba junto con la medicina para tratar diversas enfermedades. Cada signo del zodiaco se asociaba a una parte concreta del cuerpo, y se realizaban sangrías en esa parte del cuerpo según la época del año. Por ejemplo, Piscis se asociaba con los pies, por lo que una persona que caía enferma durante la estación de Piscis podía someterse a sangrías en las plantas y los dedos de los pies. Otra posibilidad era que las sangrías siguieran las fases de la Luna. En cualquier caso, la gente de la Edad Media miraba a las estrellas tanto como sus predecesores. Estas asociaciones corporales se siguen utilizando en cierta medida en los tiempos modernos, pero de forma mucho menos extrema.

La astrología a través de las culturas

Aunque este libro se centra principalmente en el estilo conocido como "astrología occidental", ¡el mundo occidental no tiene el monopolio de la interpretación de las estrellas! De hecho, casi todas las civilizaciones primitivas vieron imágenes en las estrellas y empezaron a interpretarlas, aunque cada población vio imágenes diferentes y eligió entenderlas de formas distintas. Dicho esto, ¡puede que observes una serie de similitudes chocantes! Merece la pena familiarizarse con una variedad de astrologías diferentes, así que exploremos algunas de todo el mundo.

El zodíaco chino

Aunque el zodiaco occidental se divide en meses (con lecturas más detalladas que llegan al día, ¡e incluso a la *hora*!), el chino se divide en años. Cada año está regido por uno de 12 animales que siguen un orden determinado: rata, buey, tigre, conejo, dragón, serpiente, caballo, oveja, mono, gallo, perro y cerdo. No hay que olvidar que el ciclo también sigue el Año Nuevo chino, que es un poco posterior al Año Nuevo occidental, por lo que los nacidos a principios de año pueden encontrarse bajo el signo del año anterior.

Aunque la mayoría de la gente está familiarizada con la forma en que un animal rige cada año, la mayoría no sabe que el zodíaco chino entra en más detalles basándose en el mes, el día e incluso la *hora* de tu nacimiento. Esos cuatro periodos de tiempo se conocen como los "Pilares del Destino", y se dice que cada uno determina un área determinada de tu vida. La regla de tu año de nacimiento determina las expectativas que la sociedad tiene de ti, la regla de tu mes de nacimiento determina tu infancia, la regla de tu cumpleaños determina tu vida matrimonial y la regla de tu hora de nacimiento rige tu verdadera identidad.

El zodíaco chino es el siguiente:

- **Rata:** La rata rige los años 1996, 2008 y 2020, así como el marco temporal del 7 de diciembre al 5 de enero y las horas 23:00-00:59. La rata representa el estado de alerta, el ingenio y la flexibilidad.

- **Buey:** El buey rige los años 1997, 2009 y 2021, así como el marco temporal del 6 de enero al 3 de febrero y las horas 1:00-2:59. Los bueyes son persistentes, directos y sencillos.

- **Tigre:** El tigre rige los años 1998, 2010 y 2022, así como el marco temporal del 4 de febrero al 5 de marzo y las horas 3:00-4:59. Este signo es valiente y regio, pero también muy cruel.

- **Conejo:** El conejo rige los años 1999, 2011 y 2023, así como el marco temporal del 6 de marzo al 4 de abril y las horas 5:00-6:59. Los nacidos bajo un signo de conejo son encantadores, amables y hermosos, ya que este signo tiene asociaciones con la diosa luna.

- **Dragón:** El dragón rige los años 2000, 2012 y 2024, así como el marco temporal del 5 de abril al 4 de mayo y las horas 7:00-8:59. El dragón es muy respetado en la cultura china y representa el honor, el éxito y la autoridad.

- **Serpiente:** La serpiente rige los años 2001, 2013 y 2025, así como el marco temporal del 5 de mayo al 5 de junio y las horas 9:00-10:59. La serpiente representa la malevolencia, el misterio y la adivinación.

- **Caballo:** El caballo rige los años 2002, 2014 y 2026, así como el marco temporal del 6 de junio al 6 de julio y las horas 11:00-12:59. Los caballos se asocian con la energía, el brillo y la inteligencia.

- **Oveja:** La oveja (a veces llamada "la cabra") rige los años 2003, 2015 y 2027, así como el marco temporal del 7 de julio al 6 de agosto y las horas 13:00-14:59. La oveja es gentil, tranquila y favorecida por muchas personas.

- **Mono:** El mono rige los años 2004, 2016 y 2028, así como el marco temporal del 7 de agosto al 7 de septiembre y las horas 15:00-16:59. Este signo destaca por su inteligencia e ingenio.

- **Gallo:** El gallo rige los años 2005, 2017 y 2029, así como el marco temporal del 8 de septiembre al 7 de octubre y las horas 17:00-18:59. El gallo es visto como el más fiable y digno de confianza de los signos, ya que se puede depender de él como una alarma cada mañana.

- **Perro:** El perro rige los años 2006, 2018 y 2030, así como el marco temporal del 8 de octubre al 6 de noviembre y las horas 19:00-20:59. La cultura china ve a los perros como buenos augurios, por lo que los nacidos bajo este signo tienen una importante fortuna bajo cualquier pilar en el que caigan.

- **Cerdo:** El cerdo rige los años 2007, 2019 y 2031, así como el marco temporal del 7 de noviembre al 6 de diciembre y las horas 21:00-22:59. El cerdo se considera perezoso y perezoso, pero también es inofensivo, bienintencionado y puede ser un signo de riqueza.

El zodíaco celta

El pueblo celta es bien conocido por su conexión con la naturaleza, por lo que no sorprende saber que su zodiaco sigue el ciclo lunar y asigna a cada persona un árbol. También hay muchas asociaciones animales bajo cada uno de sus signos, y todos ellos son animales que los celtas se habrían encontrado a diario o que existían en su mitología, como los unicornios. Esta astrología también está muy relacionada con la religión druida, que era una gran parte de la vida celta y también se centra en el mundo natural. El enfoque en el ecologismo la convierte en una de las favoritas de activistas y espiritualistas de todo el mundo incluso hoy en día, especialmente de aquellos con raíces irlandesas que la utilizan como medio para conectar con sus identidades.

El Zodiaco Celta, incluidos tanto los árboles *como* los animales asociados a cada signo, es el siguiente:

- **Abedul (también águila real y ciervo blanco): 24 de diciembre - 20 de enero.** Apodados "Los triunfadores", los nacidos bajo este signo destacan por sus grandes sueños y ambiciones. Son líderes natos y suelen ser encantadores.

- **Serba (también Grulla y Dragón Verde): 21 de enero - 17 de febrero.** También llamado "El Pensador", este signo alberga a muchos filósofos y visionarios naturales. Pueden parecer tranquilos y apagados en apariencia, pero están llenos de ideas y pasiones.

- **Fresno (también Foca, Caballito de mar y Gaviota): 18 de febrero - 17 de marzo.** A los nacidos bajo este signo también se les llama "El Encantador" y están bendecidos con una vívida imaginación y una creatividad sin límites. No solo están inspirados, sino que tienden a inspirar también a los demás.

- **Aliso (también Oso, Zorro y Halcón): 18 de marzo - 14 de abril.** Llamados "los pioneros", son aventureros, apasionados y tienen facilidad para llevarse bien con los demás. Su confianza les hace muy simpáticos y les da ventaja en las situaciones sociales.

- **Sauce (también Víbora, Liebre y Serpiente marina): 15 de abril - 12 de mayo.** A las personas bajo este signo se les llama "El Observador" por una buena razón. Son inteligentes y tienen una memoria excepcional, pero tienden a ser reservados y a veces inseguros.

- **Espino (también Abeja y Búho): Del 13 de mayo al 9 de junio.** Con un apodo como "El Ilusionista", no es de extrañar que las personas nacidas bajo este signo a menudo pongan una fachada y pretendan ser 'normales' mientras que en realidad son muy coloridos e interesantes.

- **Roble (también Reyezuelo, Nutria y Caballo Blanco): 10 de junio - 7 de julio.** Al igual que el Roble, estas personas están dotadas de una fuerza extrema y por ello reciben el apodo de "El Estabilizador". También son muy optimistas y cariñosos, por lo que son muy buenos padres y profesores.

- **Acebo (también Gato y Unicornio): Del 8 de julio al 4 de agosto.** También llamado "El Real", es el signo hecho para el trono. Son ambiciosos y competitivos e incluso pueden llegar a parecer arrogantes, pero también son muy amables cuando es necesario.

- **Avellana (también Grulla y Salmón): Del 5 de agosto al 1 de septiembre.** A este signo se le llama "El Conocedor", y son los académicos del zodiaco celta. Aprecian el orden, la tradición y la eficiencia, lo que puede llevarles a parecer pretenciosos ante los demás, pero solo se debe a su impresionante inteligencia.

- **Vid (también Lagarto, Sabueso y Cisne Blanco): Del 2 al 29 de septiembre.** Llamados "Los Igualadores", estas personas tienen un don para ver los dos lados de una historia y son buenos mediadores. También disfrutan de las cosas buenas de la vida, como el vino y el arte.

- **Hiedra (también Jabalí, Mariposa y Ganso): 30 de septiembre - 27 de octubre.** Al igual que la terca Hiedra, este signo es muy duro y por ello se le apoda "El Superviviente". Son persistentes, leales y tienen una fe fuerte que les permite superar los obstáculos.

- **Carrizo (también Sabueso y Búho): 28 de octubre - 24 de noviembre.** Llamado "El Inquisidor", este signo es extremadamente talentoso para encontrar la verdad en una situación y desterrar el misterio. Para lograrlo, suelen ser manipuladores, pero también tienen un alto código moral.

- **Anciano (también Tejón, Caballo Negro y Cuervo): Del 25 de noviembre al 23 de diciembre.** El último signo del Zodíaco Celta es Anciano, o "El Buscador". Se trata de un signo amante de la diversión que vive para divertirse y siempre busca la libertad. A pesar de este comportamiento, también son muy inteligentes y suelen tener facilidad para la filosofía.

Capítulo 2: Signos solares

¿Qué es un signo solar?

Cuando te preguntan por tu signo zodiacal, en realidad te están preguntando por tu signo solar. Éste representa la posición del Sol en el cielo en el momento de su nacimiento y cambia una vez al mes. Nuestros signos solares representan nuestro verdadero yo o nuestro estado "por defecto". Si te pidieran que describieras los elementos centrales de tu personalidad, lo más probable es que tu descripción se ajustara a los rasgos de tu signo solar. Como Grant Lewi, autor de "Astrology for the Millions" (Astrología para millones), lo expresa así: "Puedes pensar, soñar, imaginar, esperar ser mil cosas, según tu Luna y tus otros planetas: pero el Sol es lo que eres, y ser tu mejor yo en términos de tu Sol es hacer que tus energías trabajen por el camino en el que tendrán la máxima ayuda de las vibraciones planetarias". Lo que quiere decir es que nuestro Sol es el jefe de nuestra carta y dirigirá nuestros movimientos. Si queremos cambiar para mejor, tenemos que trabajar *con* nuestro signo solar, no contra él.

Dicho esto, es importante recordar que la posición del Sol no es la única de nuestra carta astral. Muchos principiantes se desaniman si leen su signo solar y descubren que no les conviene, pero olvidan que hay muchas más colocaciones que podrían afectar a la forma en que se presenta su signo solar. Tal vez tu Luna sea especialmente dominante o te inclines mucho por tu signo ascendente. Y, aunque te *identifiques* mucho con tu signo solar, sigue siendo importante que comprendas el resto de tu carta astral para que puedas comprender las complejidades de ti mismo y de tu trayectoria vital.

Los signos solares

Aries

- 21 de marzo - 19 de abril

- Elemento: Fuego

- Símbolo: El Carnero

- Planeta regente: Marte

Si naciste entre el 21 de marzo y el 19 de abril, tu signo solar pertenece al reino de Aries, el Carnero. Puede que te emocione saber que eres el primer zodíaco del ciclo; ¡a Aries le encanta ser el primero! Son aventureros, amantes de la diversión, impulsivos y se aburren con facilidad. Si necesitas ayuda para poner en marcha un proyecto, no dudes en poner a un Aries en el equipo. Se entregarán de todo corazón y sin miedo a nada y estarán ansiosos por demostrar que son los más adecuados para el trabajo. También son muy buenos para mantener el optimismo, la energía y la confianza ante los obstáculos. En el lado negativo, sin embargo, a veces son indiferentes, impacientes y pueden dejar que sus emociones les nublen el juicio.

En sus relaciones interpersonales, las personalidades de Aries son directas y sencillas. Dicen lo que quieren y les gusta que sus parejas, amigos y familiares hagan lo mismo. Son extremadamente leales y les encanta mantener relaciones estrechas, pero quienes se relacionan con ellos *deben* estar preparados para soportar sus cambios de humor y su impulsividad. También tendrán que entender que un Aries *no* intenta ser mandón; es solo su forma de comunicarse, y puede que haya que recordarle que sea amable.

Una vez que Aries madura, puede ser un líder, orador y profesor muy eficaz. También pueden prosperar en una carrera que les permita canalizar su valentía y su instinto de héroe, como la lucha contra incendios, las fuerzas armadas, las artes marciales, los paramédicos, los dobles de acción o incluso los atletas.

Tauro

- 20 de abril - 20 de mayo
- Elemento: Tierra
- Símbolo: El Toro
- Planeta regente: Venus

El segundo signo del zodiaco, comprendido entre el 19 de abril y el 20 de mayo, es Tauro. Tauro es el Toro, pero no te imagines un toro alborotando en una cacharrería. Imagínate a un toro sentado en un campo tranquilo, rodeado de flores amarillas y sin preocuparse por nada. Tauro es un signo relajado y estable que valora las tradiciones, la fiabilidad y las habilidades prácticas. También sienten un *gran* aprecio por las comodidades físicas, ya sean comidas sabrosas, bebidas de alta calidad, ropa o una casa bonita. En sus mejores momentos, son muy relajantes. En sus peores momentos, sin embargo, pueden ser testarudos, demasiado apegados a sus posesiones materiales y responder muy mal a las críticas.

En su vida social, los Tauro valoran a las personas que pueden darles coherencia y hacerles sentir seguros. Tienen un enfoque muy serio del amor y es probable que busquen a alguien con quien quieran formar una familia, pero hacen amigos con mucha facilidad y no les cuesta estar en compañía de nadie. Los Tauro tardan en enfadarse, pero una vez que lo consiguen, pueden ser bastante destructivos y romper algunos corazones. Alguien que quiera una relación con un Tauro debe ser observador de los signos de su ira y ser capaz de abordar la cuestión rápidamente antes de que las cosas se desborden.

Al valorar tanto la estabilidad, lo más probable es que un Tauro se dedique a una carrera bien establecida que le proporcione unos ingresos estables. También es posible que le guste un trabajo en el que pueda utilizar sus manos o que implique el cuidado de objetos de valor. Por ejemplo, pueden sentirse atraídos por una carrera como banquero, marchante de arte, trabajador de la construcción, planificador financiero o constructor.

Géminis

- 21 de mayo - 20 de junio

- Símbolo: Los Gemelos

- Elemento: Aire

- Planeta regente: Mercurio

Imagina una personalidad de Twitter o un YouTuber famoso, con todas sus peculiaridades divertidas y su contenido controvertido, ¡y ya tienes la esencia de Géminis! Estas personas tienen buen humor, son perspicaces, no tienen reservas y son camaleones sociales. Si son introvertidos por naturaleza, se les da bien fingir ser extrovertidos, y viceversa. Se desenvuelven bien en situaciones sociales y son ideales para cualquier proyecto de grupo o presentación que requiera hablar, pensar con rapidez, persuadir o ser encantador. Si necesitas ayuda en un proyecto, un Géminis es sin duda la persona a la que acudir. Sin embargo, los Géminis suelen tener miedo a estar solos y necesitan practicar para disfrutar de su propia compañía. También pueden tener dificultades para expresar sus verdaderas emociones, asumir la responsabilidad de sus actos y tomarse las cosas con calma para oler las rosas.

En el amor, los Géminis caen rápido y con fuerza. Por lo general, la idea del romance les resulta bastante atractiva y son curiosos por naturaleza, por lo que querrán conocer al guaperas del otro lado de la barra y son lo bastante competentes socialmente como para dar el primer paso. Sin embargo, si la relación se vuelve aburrida, pueden desenamorarse con la misma rapidez, por lo que es importante mantener las cosas picantes. Las amistades tienden a durar más para los Géminis, pero puede que no sean especialmente profundas. Son de los que tienen muchos amigos, pero muy pocos con los que se sientan cómodos hablando de sus sentimientos.

Un Géminis *querrá* una profesión en la que trabaje con otras personas. ¡Sentarse solo en una oficina le volvería *completamente loco*! Muchos Géminis también tienen talento para la tecnología y los artilugios, por lo que es posible que quieran incorporarlo al trabajo que elijan. Algunas buenas profesiones para un Géminis podrían ser comunicaciones, relaciones públicas, animador, recaudador de fondos, vendedor, DJ, periodista o programador informático.

Cáncer

- 21 de junio - 22 de julio
- Símbolo: El Cangrejo

- Elemento: Agua

- Planeta regente: Luna

Si Aries es el "niño aventurero" del zodíaco, Cáncer es la "madre preocupada". Las personas nacidas entre el 21 de junio y el 22 de julio tienden a ser sensibles, ansiosas y extremadamente empáticas. Son de los más sensibles del zodíaco y se conmueven con facilidad ante los medios de comunicación, las historias que cuentan sus amigos y familiares e incluso una bonita canción. Suelen preocuparse mucho por la gente que les rodea y desean influir positivamente en el mundo, lo que puede llevarles a ocupar puestos de responsabilidad. Sin embargo, los Cáncer suelen estar cargados de melancolía y pueden sentirse abrumados por sus ansiedades. No manejan bien los cambios, no saben recibir las críticas sin tomárselas como algo personal y son propensos a agotarse porque sienten mucho todo el tiempo.

Debido a su interés por ayudar a los demás, las relaciones son muy importantes para los Cáncer, ya sean románticas, familiares o platónicas. Se enamoran tanto de la idea de una persona como de la idea de estar enamorados. Puede que les cueste sentirse inadecuados en las primeras etapas del romance, pero una vez que se hayan asentado, estarán enamorados el resto de sus vidas. Esto les hace vulnerables a volver con sus ex o a permanecer en amistades tóxicas. Aún así, pueden ser compañeros extremadamente leales y serviciales.

Elegir una profesión es complicado para los Cáncer; quieren ayudar a los demás, pero la mayoría son demasiado tímidos para tener un trabajo en el que interactúen directamente con la gente. Los más extrovertidos se sentirán atraídos por puestos como la enfermería, el asesoramiento y la terapia, pero otros buscarán trabajos más relajados. A los Cáncer se les da muy bien la escritura, las tareas domésticas, el trabajo social, la cocina, la jardinería y la curaduría.

Leo

- 23 de julio - 22 de agosto
- Símbolo: El León
- Elemento: Fuego
- Planeta regente: Sol

Como el león, un Leo es audaz, ruidoso, orgulloso y seguro de sí mismo. Son las personas a las que ves vestidas con sus mejores galas, caminando con paso alegre y con la nariz levantada hacia el cielo. A los Leo les encanta ser el centro de atención, y su encanto natural les permite captar fácilmente la atención de quienes les rodean. Sin embargo, son algo más que una celebridad andante; los Leo también son conocidos por su amor al crecimiento y la mejora, por lo que siempre están buscando formas de superarse a sí mismos, así como sus lugares de trabajo, hogares y relaciones. Si quieres que alguien te ayude a editar y mejorar un proyecto, un Leo *debería* ser tu primera elección. Sin embargo, tendrás que estar preparado para un montón de fanfarronadas, mandoneos y un montón de palabras duras. Un Leo puede incluso intentar robarte méritos para parecer más importante.

Coquetear con un Leo es solo cuestión de lanzarle algunos cumplidos y hacerle sentir la persona más bella de la sala. Les encantará alguien capaz de igualar su energía y ayudarles a sentirse seguros de su poder. Los Leo son muy propensos a la soledad y prefieren rodearse de gente, por lo que también están obligados a tener muchos amigos en su vida. Tienen lo que hay que tener para ser amigos generosos y cariñosos, y les encanta ser útiles a los de su círculo personal.

A los Leo les gusta la variedad y la espontaneidad en su vida, por lo que es poco probable que disfruten de una carrera que les mantenga inmóviles. Preferirían una posición más creativa o social. Podrían prosperar como actores, atletas, peluqueros, coordinadores de eventos, diseñadores de interiores, diseñadores de moda o agentes de talentos.

Virgo

- 23 de agosto - 22 de septiembre

- Símbolo: La Virgen

- Elemento: Tierra

- Planeta regente: Mercurio

Perfeccionista, ordenado y racional; así es Virgo en pocas palabras. Estas personas parecen tener la vida resuelta y no se ven afectadas por distracciones como las emociones. Por supuesto, eso no es del todo exacto; *tienen* emociones, pero a menudo las encuentran desconcertantes y no tienen una buena forma de expresarse, por lo que recurren a las cosas que tienen más sentido para ellos. Los Virgo no solo están obsesionados con mantener su propia vida ordenada, sino que también se desviven por ayudar a los demás a ser más organizados. Algunas personas pueden encontrar esto útil, pero otras pensarán que es extralimitarse, por lo que los Virgo deben tener cuidado. Aún así, disfrutan sintiéndose útiles y encuentran que es una buena distracción de sus sentimientos de ansiedad, imperfección y odio a sí mismos.

Los Virgo son famosos por su belleza y a muchas personas les atrae su orden, por lo que les resulta muy fácil encontrar pareja. Sin embargo, a menudo tardan en enamorarse de *verdad*, ya que les cuesta entregarse a las emociones y a muchos les cuesta dejar a un lado sus críticas hacia los demás el tiempo suficiente para permitirse desarrollar un flechazo. También son muy exigentes con los amigos que hacen, pero se les da muy bien aconsejar, guardar secretos y apoyar en los momentos difíciles.

Los Virgo tienen una ética de trabajo *extremadamente poderosa* y son buenos en puestos que requieren mucha formación, habilidad y dedicación. Están dispuestos a esforzarse mucho en cualquier carrera que elijan y suelen situar su profesión en el centro de sus vidas. Pueden sentirse atraídos por la contabilidad, la consultoría, la odontología, las matemáticas, la edición o la enfermería.

Libra

- 23 de septiembre - 22 de octubre

- Símbolo: La Balanza

- Elemento: Aire

- Planeta regente: Venus

El símbolo de Libra es la balanza del equilibrio, y el concepto de equilibrio se ve en *todas partes* de sus vidas. En realidad, esto hace que los Libra sean a veces un poco difíciles de interpretar; son a la vez introvertidos y extrovertidos, orgullosos y humildes, cariñosos y duros. Sin embargo, en esta mezcla de rasgos es donde más se puede entender a Libra si se sabe dónde buscar. Son empáticos y son capaces de reflejar la actitud que les transmite la gente, lo que conduce a su mezcla de rasgos.

También quieren ser vistos como encantadores, por lo que están dispuestos a actuar como cualquier personalidad que crean que sería más agradable en cualquier situación dada. Además, valoran tanto la positividad que les cuesta lidiar con las emociones negativas. Para crecer, los Libra deben aprender a manejar la confrontación, a lidiar con la negatividad de forma saludable y a disfrutar de su propia compañía. La vida no puede ser siempre como la idealizan en su cabeza.

A menudo se considera a Libra el signo del zodiaco más bello. No solo eso, sino que piensan que todos los demás también lo son, por lo que encontrar pareja es una tarea sencilla para ellos. Sin embargo, les costará abrirse a su pareja porque temen ser vistos como demasiado deprimentes, por lo que su alma gemela es alguien que pueda apoyarles mientras aprenden a ser ellos mismos.

Los Libra a veces pueden tener dificultades en el trabajo porque no saben manejar los conflictos, pero eso no significa que no tengan talentos que mostrar al mundo. Tienen buen ojo para la belleza y son increíbles en profesiones que incluyen la pintura, el diseño o el estilismo. También se les da bien tratar con el público, por lo que podrían sentirse llamados al servicio de atención al cliente.

Escorpio

- 23 de octubre - 21 de noviembre
- Símbolo: El Escorpión
- Elemento: Agua
- Planeta regente: Plutón

El interior de la mente de un Escorpio es *despiadado*. Ven el mundo en términos de supervivencia: comer o ser comido, conseguir aliados para aumentar sus posibilidades, acabar con cualquier amenaza antes de que se convierta en un problema, etc. Pueden ser manipuladores sociales, reyes del cotilleo y expertos mentirosos. Los Escorpio suelen tener un grupo social numeroso porque son muy hábiles para poner a la gente de su parte y suelen ser muy legítimamente leales a las personas que les importan, pero son propensos a la soledad porque su visión del mundo es muy poco amable. También les encanta tener el control de *cualquier* situación y puede costarles soltarlo. Toda esa manipulación e intriga es solo una forma de dar a Escorpio el poder que necesita para sentirse feliz y completo en su vida. Sin embargo, son extremadamente valientes, creativos y encantadores, por lo que tienen mucho de lo que enorgullecerse por sí mismos.

En el amor, los Escorpio son de todo o nada. O no se enamora en absoluto o se vuelve loco de remate, y la diferencia radica en si su pareja puede o no convencerle para que se abra y ceda el control. Hay que mantener el interés de Escorpio y saber jugar a sus juegos a la vez que se le domestica, lo que puede ser difícil, pero también un reto divertido para quien sepa manejarlo. En sus amistades, los Escorpio son profundamente cariñosos y compasivos.

A los Escorpio se les dan bien los trabajos difíciles porque son duros por naturaleza. Podrían prosperar como agentes de policía, médicos, cirujanos, socorristas, enterradores, carniceros, paramédicos o empresarios. También pueden disfrutar con trabajos que incluyan detalles finos, como analistas, programadores informáticos y asesores financieros.

Sagitario

- 22 de noviembre - 21 de diciembre

- Símbolo: El Arquero

- Elemento: Fuego

- Planeta regente: Júpiter

Un Sagitario se acerca a la realidad de la misma manera que alguien se acercaría a un videojuego de mundo abierto. Hay mucho que explorar, múltiples habilidades que dominar y montones de misiones secundarias. Sin duda, un Sagitario va a intentar completar el juego; quiere probarlo todo, aprenderlo todo y convertirse en la mejor versión de sí mismo. No tienen miedo al cambio y no parecen apegados a nada. No tienen un concepto muy claro de "hogar" cuando su hogar está dentro de ellos mismos, lo que puede ser una gran ventaja si alguna vez tienen que mudarse o viajar. Sin embargo, también puede ser una debilidad. A Sagitario le cuesta centrarse, ver más allá de su optimismo y ser realista en sus objetivos. Son vulnerables al desamor, al peligro y a las dificultades económicas debido a sus decisiones vitales ocasionalmente equivocadas, pero quienes están cerca de ellos saben que Sagitario simplemente quiere lo mejor para sí mismo y no se conformará.

Los Sagitario suelen ser muy extrovertidos y abiertos emocionalmente, por lo que enamorarse les resulta fácil. Les encantan las personas capaces de mantener la relación emocionante y excitante, así como alguien que sea lo suficientemente independiente como para soportar sus muchos cambios. En cuanto a sus amistades, a veces les cuesta mantener un grupo de amigos consistente y se encuentran saltando por múltiples círculos sociales, pero disfrutan teniendo muchos amigos y pueden estar especialmente unidos a una o dos personas.

Los trabajos de nueve a cinco son una *tortura* absoluta para los Sagitario. Necesitan libertad e independencia en sus carreras, y puede que no quieran tratar con el público, ya que a menudo pueden ser demasiado bruscos. Sin embargo, prosperan en puestos en los que pueden demostrar una habilidad o hacer uso de sus conocimientos. Por ejemplo, les puede gustar el adiestramiento de animales, la edición, la escritura, el trabajo religioso, las conferencias, la interpretación/traducción o el entrenamiento personal.

Capricornio

- 22 de diciembre - 20 de enero
- Símbolo: La Cabra Marina
- Elemento: Tierra
- Planeta regente: Saturno

Los Capricornio se mueven por el mundo en línea recta. Saben *dónde* están, dónde quieren *estar* y *cómo* quieren llegar. Son estructurados, disciplinados, lógicos y organizados. Los Capricornio lo dan todo en su trabajo y siempre persiguen el éxito. En última instancia, su estilo de vida estructurado está motivado por un arraigado miedo al fracaso. Tienen una idea *muy* clara de lo que significa tener éxito y les angustia enormemente no alcanzar ese hito, por lo que trabajan día y noche para lograr todo lo que creen que tienen que lograr para cumplir ese objetivo. Muchos Capricornio también prefieren tener el control, por eso trabajan tanto. Quieren ser el jefe, no el empleado, y saben que se necesita mucho esfuerzo para llegar a la cima. Sus tendencias adictas al trabajo pueden convertirlos en personas muy solitarias, y puede que les cueste soltarse.

El amor puede ser complicado para los Capricornio, sobre todo si el romance no está en su lista de cosas por hacer. No se enamoran fácilmente, ya que prefieren avanzar despacio una vez que están en una relación, y pueden ser un poco torpes. Necesitarían una pareja independiente que esté dispuesta a soportar esos ritmos tan lentos. Sin embargo, una vez en una relación comprometida, los Capricornio pueden ser amantes devotos. En sus amistades, los Capricornio son igualmente fiables.

Con su determinación para triunfar, los Capricornio pueden sobresalir en cualquier carrera que elijan. Suelen tener talento para los negocios, la ingeniería, la música, la administración, la banca, la política y la ciencia. Sea cual sea la carrera que elijan, lo más probable es que aspiren a ascender y llegar a ocupar el puesto de director general.

Acuario

- 21 de enero - 18 de febrero

- Símbolo: El Aguador

- Elemento: Aire

- Planeta regente: Urano

Acuario existe para animar nuestras vidas y poner patas arriba lo que consideramos "normal". Son contrarios y les gusta tomar el camino menos transitado solo para demostrar que es posible. También es una buena forma de destacar, ¡y puede que les guste llamar la atención! Los Acuario suelen adoptar un enfoque científico de sus decisiones y tratan la vida como un experimento social. ¿Qué obtendrá la mayor reacción? ¿Cómo de loca tiene que ser una frase para que la gente empiece a darse cuenta? Hay un cierto nivel de curiosidad e inteligencia en su forma de pensar. Por encima de todo, anhelan la libertad y no quieren estar agobiados por cosas como las expectativas, las responsabilidades e incluso las emociones. Así es; algunas personas Acuario luchan por manejar sus emociones más profundas porque sienten que eso las frena. Su naturaleza de espíritu libre también se convierte en un problema en entornos estructurados como la escuela y el trabajo.

A los Acuario puede intimidarles la idea de comprometerse en una relación, pero la pareja adecuada sabrá cómo hacerlo. Necesitan a alguien relajado, pero interesante, que pueda darles espacio cuando lo necesiten, pero que siga implicándoles en el romance. Sus amistades suelen ser superficiales; se divierten mucho en fiestas y eventos, pero puede que no sean las personas a las que se acude en caso de crisis.

La carrera profesional es un tema difícil para los Acuario. Les cuesta mucho trabajar de nueve a cinco y odian trabajar solos, por lo que es importante que su trabajo esté orientado a las personas y sea muy emocionante. Pueden sentirse atraídos por el activismo, los cuerpos de paz, el trabajo social, el derecho, la psicología y la astronomía.

Piscis

- 19 de febrero - 20 de marzo

- Símbolo: El Pez

- Elemento: Agua

- Planeta regente: Neptuno

Si Aries es el "niño" del zodíaco, Piscis es el "anciano". Independientemente de su edad, los Piscis suelen tener un alma vieja y a menudo una visión muy sensible de la vida. Están llenos de empatía, bondad y sabiduría. Sin embargo, están plagados de ansiedad y tienen muchos problemas de autoestima. En un mundo que considera débiles y aburridas a las personalidades suaves, los Piscis pueden dudar de su simpatía o de que sus rasgos sean útiles para la sociedad, y esas inseguridades pueden manifestarse en forma de torpeza social o voz suave. Sin embargo, Piscis se acerca al mundo con asombro e imaginación. Son muy aptos para soñar despiertos y pueden considerarse artistas, e incluso dedicarse a un trabajo creativo.

Piscis puede ser extremadamente romántico y se enamorará de alguien que esté dispuesto a seguir la vieja escuela. Si coqueteas con uno de ellos, intenta escribirle una carta, enviarle flores o ponerle una flor en el pelo. Puede que duden a la hora de iniciar una relación, pero una pareja más dominante puede encajar muy bien con ellos. A Piscis le resulta mucho más fácil hacer amigos y puede ser estupendo para aconsejar y consolar.

Piscis puede tener éxito en varios campos creativos como la fotografía, la escritura, la danza, la actuación, la pintura y la escultura. También pueden sentirse llamados hacia un puesto en el que sean capaces de ayudar a los demás y hacer uso de su inmensa empatía, como el asesoramiento, el rescate de animales, la terapia de masaje, la enfermería o el cuidado de ancianos.

Capítulo 3: Luna y signos ascendentes

Junto con el signo solar, los signos lunar y ascendente forman los "3 grandes". En lugar de presentarnos solo con nuestro signo solar, deberíamos empezar por informar a la gente de nuestros "3 Grandes" para darles una idea más completa de nuestra personalidad y nuestras vidas. Cada vez son más las personas que empiezan a hacerlo. En los perfiles de las redes sociales, probablemente verás descripciones como "Soy Sol Leo, Luna Sagitario y Ascendente Capricornio". Una descripción como ésta te dirá tres cosas sobre una persona: su personalidad básica, la forma en que se manifiestan sus emociones y cómo suele ser percibida. Aprendamos a interpretar el resto de los "3 Grandes".

¿Qué es un signo lunar?

Al igual que el signo solar, el signo lunar viene determinado por la posición de la Luna en el momento de nacer. La Luna se asocia con las emociones, los sentimientos y la forma en que nos reconfortamos. ¿Alguna vez te has sentido una persona completamente diferente cuando te has dejado llevar por las emociones? ¿Tus hábitos personales cambian cuando te sientes deprimido, ansioso o agotado? ¿Recurres a comodidades que pueden ser contrarias a tus objetivos generales o a tu estilo de vida? Durante esos momentos en los que nuestras emociones nos dominan, es cuando vemos claramente nuestro signo lunar. Conocer el signo lunar de una persona es una buena forma de saber cómo se comportará cuando se enfade, e incluso puede darte algunas pistas sobre sus manías y las cosas que le ponen de los nervios. También pueden indicarte qué es lo que más te ayudará cuando la persona se emocione. Los signos lunares también pueden ser un buen indicador de cómo actúa una persona cuando no hay nadie a su alrededor, o de cómo la ve su círculo más íntimo.

La Luna se desplaza por el cielo 13,5 grados al día, lo que la convierte en el cuerpo celeste más rápido. En comparación, Mercurio se desplaza aproximadamente uno y Marte, 0,5. Con su velocidad, esto significa que se desplaza de un signo a otro aproximadamente cada dos o tres días. ¡Alguien que haya nacido cinco días después que tú tendrá un signo lunar completamente distinto!

Los signos lunares

- **Luna de Aries:** Si tienes una Luna de Aries, tus emociones son bastante extremas. Puedes ser impulsivo, apasionado y excitable cuando eres vulnerable e incluso podrías sentirte un poco infantil en el fondo. Puedes ser un poco inmaduro a veces e incluso podrías tener mini rabietas cuando las cosas no salen como quieres.

- **Luna de Tauro:** Las personas con Luna de Tauro tienen emociones bastante estables y tardan en sentir las emociones extremas como la ira. Sin embargo, en momentos de estrés, pueden recurrir a las comodidades, los objetos materiales o la terapia de compras. También pueden perder energía rápidamente cuando hay presión, por lo que a menudo se les acusa de pereza.

- **Luna de Géminis:** Si eres de Luna Géminis, te resulta fácil expresar tus sentimientos a través del lenguaje. Llevar un diario o un blog podría ser beneficioso para ti, especialmente si necesitas un lugar donde desahogarte.

También puedes ser el tipo de persona que es callada al principio, pero se vuelve bastante habladora una vez que se siente cómoda alrededor de alguien.

- **Luna de Cáncer:** Una Luna de Cáncer depende de la seguridad personal para mantener firmes sus emociones y puede ser propensa a la ansiedad. También pueden adoptar mucho la tendencia natural de Cáncer a dar, por lo que son propensos al agotamiento si dan demasiado de sí mismos sin recibir nada a cambio. Los Luna de Cáncer también son hogareños, por lo que deben tener cuidado de no aislarse en momentos de estrés.

- **Luna de Leo:** Las Lunas Leo tienden a sentirse muy conectadas con sus emociones y no tienen problemas para sentarse con ellas y resolver las cosas por sí mismas. Sin embargo, si se aíslan, esta voluntad de introspección puede convertirse en egocentrismo y drama, por lo que tienen que mantener sus arrebatos bajo control. Si lo hacen con éxito, suelen ser personas alegres y optimistas.

- **Luna de Virgo:** Los Luna de Virgo son muy propensos a pensar demasiado una situación y a provocarse ansiedad, lo que podría hacerlos parecer sensibles. Para ayudar a liberar esas emociones, pueden usar sus sólidas habilidades de comunicación para hablar con un amigo, llevar un diario sobre sus pensamientos o dedicarse a hablar de sí mismos a través de la meditación.

- **Luna en Libra:** Si tu Luna cae en Libra, puedes encontrar que tus emociones son intocablemente seguras. Normalmente eres muy equilibrado y eres bueno manteniendo la calma en situaciones de mucho estrés. Sin embargo, cuando te presionan, podrías volverte pasivo-agresivo y arremeter contra las personas que crees responsables de hacerte sentir así.

- **Luna en Escorpio:** Si tu Luna está en Escorpio, es probable que adoptes algunas de las cualidades misteriosas de Escorpio, así como su distancia emocional. Te cuesta relacionarte con los demás, tardas en abrirte y es posible que te encuentres "atascado" en emociones difíciles y tardes en avanzar.

- **Luna de Sagitario:** La Luna de Sagitario es contundente, franca y directa con sus emociones. Si este eres tú, entonces no tienes miedo de sentir las cosas profundamente, y *especialmente* no tienes miedo de dejar que los demás sepan lo que está pasando dentro de tu cabeza, lo cual es útil en muchas situaciones, pero puede llegar a ser inapropiado en otras.

- **Luna de Capricornio:** La Luna de Capricornio siente que su carrera juega un papel muy importante en sus emociones. Se toman las cosas que ocurren en el trabajo de forma muy personal, y necesitan un buen equilibrio entre la vida laboral y personal para sentirse bien consigo mismos. También tienen un enfoque muy serio y objetivo de las emociones en general.

- **Luna de Acuario:** Una Luna de Acuario puede preferir centrarse en sus visiones, objetivos e ideas que en sus emociones. Debido a esto, sus compañeros pueden considerarlos distantes o incluso un poco fríos, pero eso no significa que no puedan conectar con la gente. Simplemente conectan a través de la lógica en lugar de los sentimientos.

- **Luna de Piscis:** Las Lunas de Piscis son extremadamente emocionales y están profundamente conectadas con su vida interior. Son soñadores, espiritualistas y a veces incluso tienen dones psíquicos. También pueden recurrir al escapismo y a la ensoñación inadaptada cuando están estresados, por lo que deben centrarse en conectarse a tierra cuando noten que se alejan de la realidad.

¿Qué es un signo ascendente?

Mientras que los signos lunares representan nuestro interior y nuestras emociones, el signo ascendente describe nuestro exterior. Si alguien tuviera que adivinar tu signo zodiacal a partir de la primera impresión que tiene de ti, probablemente adivinaría tu signo ascendente en lugar de tu signo solar. Éste es el personaje que te pones en público, la máscara que llevas en el trabajo y el papel que interpretas en las fiestas. Es posible que algunas personas no noten en absoluto que se deslizan hacia su signo ascendente, mientras que otras pueden descubrir que se relacionan mucho con su signo ascendente y pasan mucho tiempo en él. Todo depende de la persona. Tu signo ascendente también se considera el más influyente en tu aspecto físico, aunque los demás signos de tu carta también pueden influir. Analizaremos el aspecto y el comportamiento de cada signo ascendente para comprender mejor su funcionamiento.

Este signo está determinado por el zodíaco que se encuentre en el horizonte en el momento de tu nacimiento, de ahí que se denomine signo "ascendente" o a veces signo "ascendente". Este signo cambia muy rápidamente, por lo que es importante conocer la hora exacta de tu nacimiento cuando calcules tu carta natal.

Los signos ascendentes

- **Aries ascendente:** Un Aries tiene una presencia poderosa cuando entra en una habitación. Pueden parecer un poco intimidantes o inaccesibles, e incluso un poco polémicos u obstinados. Es probable que parezcan jóvenes y tengan ojos brillantes. Aunque los Aries ascendentes a menudo sufren desequilibrios hormonales en su juventud y adolescencia, normalmente se adaptan a su aspecto más adelante y envejecen muy bien. Su estilo va desde la ropa deportiva hasta la ropa de calle, pasando por el grunge, y se ven mejor en tonos cálidos y oscuros.

- **Tauro ascendente:** Los Tauro ascendentes son excelentes en las entrevistas porque dan la impresión de ser fuertes y confiables. La gente siente que son dignos de confianza, y aunque pueden parecer feroces, no parecen antipáticos. Gracias a la influencia de Venus, un Tauro ascendente suele ser muy bello y tiene un cuerpo muy bonito, con curvas o esculpido. La mitad inferior de su rostro suele ser muy prominente, por lo que pueden tener mejillas redondas o sonrosadas, una bonita mandíbula o labios carnosos. Puede que les guste la ropa boho o country-chic.

- **Géminis ascendente:** Sean o no extrovertidos, los Géminis parecen habladores, enérgicos y optimistas a primera vista. Puede que pongan una fachada alegre para conseguir este efecto, o puede que simplemente aumenten la energía cuando conocen a gente nueva. Los resucitados de Géminis suelen ser delgados y tener los hombros anchos, y sus manos suelen ser muy atractivas. Puede que les guste adornarse las manos y las muñecas para llamar la atención. Los ascendentes Géminis suelen vestirse para la ocasión, pero se inclinan por la ropa informal, simplemente chic, y los colores vivos cuando pueden vestirse como quieran.

- **Cáncer ascendente:** Los ascendentes de Cáncer se presentan como personas amables, cálidas y de voz suave. A primera vista, parecen del tipo cariñoso, ¡lo sean o no! Es probable que sean tímidos con los desconocidos y que tarden un poco en entrar en confianza. Las mujeres de ascendente Cáncer suelen tener un aspecto muy femenino, mientras que los hombres están bien arreglados y pueden tener un estilo suave. Son especialmente conocidos por sus ojos grandes y redondos y sus pestañas naturalmente largas. Su belleza se asemeja a la de las muñecas, y al mirarlas se nota que la influencia de la Luna es muy poderosa. Es probable que prefieran la ropa informal de negocios o preppy y se ven mejor en tonos neutros a fríos.

- **Leo ascendente:** Al igual que su compañero de signo de fuego Aries, un Leo Ascendente deja una fuerte primera impresión y hace que todos piensen que son seguros de sí mismos y divertidos. Les gusta aparecer como individuos vibrantes y emocionantes, y es probable que atraigan mucha atención en las fiestas. Puede que incluso utilicen las redes sociales, los blogs o los vlogs para catalogar su agitada vida de forma pública. Físicamente, los Leo ascendentes tienen un cierto brillo. Esto se debe a la influencia del Sol. Probablemente tengan una postura notable que los haga destacar entre la multitud, y sus torsos son particularmente atractivos; las mujeres suelen tener forma de reloj de arena, mientras que los hombres tienen espaldas y pechos musculosos.

- **Virgo ascendente:** Los ascendentes Virgo son el tipo de personas que simplemente parecen tener la vida resuelta. Parecen organizados y ordenados, por lo que otras personas pueden acudir a ellos en busca de consejo muy pronto en una relación. La influencia de Mercurio también les confiere un aspecto físico muy nítido y limpio. Suelen tener un aspecto muy juvenil y les atrae la moda minimalista, como la sofisticada o la de "Sexo en Nueva York". Esta colocación es conocida por tener una mitad superior de la cara prominente, como cejas bien definidas o una frente bien formada.

- **Libra ascendente:** Independientemente de su verdadera naturaleza, un ascendente Libra siempre parece dulce, encantador y agradable. Pueden envolver una habitación entera alrededor de su dedo en momentos debido a su aura agradable, y esto les da mucho poder en una situación social. Como otro signo regido por Venus, tienen muchas similitudes físicas con Tauro ascendente. Sus rostros y cuerpos suelen ser muy simétricos y tienen una nariz y una sonrisa hermosas. También tienen una parte inferior del cuerpo muy atractiva. Los Libra Rising probablemente vistan a la moda con clase, pero también pueden disfrutar de la ropa de calle o de estilos lindos y cómodos.

- **Escorpio ascendente:** Cuando un ascendente Escorpio entra en una habitación, es percibido como misterioso, seductor y a veces un poco inaccesible. A veces atraen mucha atención de los entrometidos y curiosos, y a veces se les evita por completo porque han ahuyentado a los que de otro modo podrían estar interesados. Los ascendentes Escorpio son famosos por tener ojos profundos y una nariz bonita, lo que les confiere un rostro interesante y atractivo en general. Plutón, su planeta regente, rige la zona pélvica, por lo que tanto hombres como mujeres tienen caderas anchas o cinceladas. Probablemente les guste la moda y se inclinen por un estilo sofisticado-sexy, casual-grunge o rockero-chic.

- **Sagitario ascendente:** Al igual que el ascendente Géminis, el ascendente Sagitario da la impresión de ser extrovertido y burbujeante cuando conoce a alguien por primera vez. Parecen excitables, divertidos y optimistas. Incluso cuando pasean por una tienda, los desconocidos notan su entusiasmo. Esto también se debe en parte a su aspecto físico. Los Sagitario ascendentes suelen tener piernas largas y torneadas, así como caderas notables. Se dice que también tienen unos dientes bonitos por naturaleza, lo que hace que su sonrisa sea muy agradable. Un Sagitario ascendente está probablemente muy interesado en la moda y es probable que disfrute de athleisure, boho con clase, y ropa de calle.

- **Capricornio ascendente:** Los Ascendentes en Capricornio comprenden la importancia de las primeras impresiones y suelen estar muy preparados cuando saben que van a conocer a alguien nuevo. Su esfuerzo vale la pena; los extraños asumen que son responsables, maduros, impulsivos e inteligentes. Físicamente, estos signos tienden a parecerse un poco a Morticia Addams, con sus manos de bruja y su aura inteligente pero sexy. Suelen tener el pelo muy grueso y oscuro, y suelen tener más vello corporal que la mayoría. Estilos como el sofisticado-sexy y el casual-grunge se adaptan a su personalidad oscura pero inteligente.

- **Acuario ascendente:** Lo intenten o no, los Acuario siempre destacan. Algo en ellos parece único y llama la atención. Tal vez se visten de una manera llamativa, no tienen miedo de cantar o bailar en público, o simplemente se comportan de una manera que indica a los demás que se trata de una persona individualista e innovadora. Este signo se parece mucho a personajes como Phoebe de "Friends". Suelen ser rubios y pálidos, o pálidos en comparación con el resto de sus familiares. Suelen sentirse atraídos por los amarillos y los azules y visten con esos colores a menudo, y no tienen miedo de ser especialmente expresivos en la moda que eligen. Los estilos eclécticos son *definitivamente* su especialidad.

- **Piscis ascendente:** Los Piscis tienen un aspecto soñador, *de otro mundo*. Se comportan de una manera ligera y etérea que hace que parezca que tienen la cabeza en las nubes, aunque también parecen muy compasivos, amables y atentos. Probablemente también parezcan bastante reservados al principio. Las personas con esta colocación suelen tener ojos muy grandes y vibrantes, que pueden ser un poco desorbitados, y el pelo parece barrido por el viento. Como Neptuno rige los pies, es posible que sean fanáticos de los zapatos o que les encante hacerse la pedicura. Probablemente les gusten estilos como el boho-lax, el athleisure o incluso estilos vintage como el jock de los 80.

Capítulo 4: Más colocaciones

Fuera de nuestros "3 Grandes", podemos vernos influidos por la presencia de otros cuerpos celestes y conceptos astronómicos. A veces, ¡incluso nos vemos afectados por cometas y asteroides! Para entender el resto de las colocaciones, simplemente necesitamos saber qué simboliza cada planeta o cuerpo celeste, y entonces podremos interpretar su mensaje en función del signo en el que se encuentre.

Colocaciones planetarias

Mercurio

Mercurio, el regente de Géminis y Virgo, simboliza el intelecto, la mente, el razonamiento y el lenguaje. Sea cual sea la posición de este planeta en tu carta astral, puede darte una idea del tipo de inteligencia que posees. ¿Se expresa con más claridad a través de la escritura, el arte o la música? ¿Das lo mejor de ti en las clases de ciencias o brillas en matemáticas? Mercurio nos ayuda a determinar todas estas cosas, así que si estás luchando por encontrar tu nicho en la vida o estás haciendo una elección de carrera, sería útil echar un vistazo a tu colocación de Mercurio para ver dónde brillas. También puede informarte sobre tu estilo de comunicación, por lo que es interesante comparar esta colocación con el Mercurio de tu pareja para ver cómo funcionará su dinámica en una confrontación.

Por ejemplo, alguien cuyo Mercurio está en Leo probablemente lo tendrá fácil para desenvolverse en el drama social y hacer de animador tanto para sí mismo como para los demás. Se les dan muy bien los cumplidos y los halagos; saben lo que les gustaría oír, ¡así que se lo dicen a los demás para que se sientan bien! Del mismo modo, alguien con Mercurio en Escorpio tiene una capacidad innata para comprender cómo afectan las palabras a las personas, por lo que son muy buenos redactando las cosas con cuidado y utilizando las palabras a su favor. Los Mercurio de Tauro dominan la lógica y el sentido común porque tienen acceso a los procesos de toma de decisiones tercos y fundamentados de Tauro.

Venus

Cuando compares tu carta natal con la de tu pareja, no te fijes en tu signo solar para juzgar su compatibilidad, sino en Venus. Como regente de Tauro y Libra, Venus simboliza nuestra vida amorosa, nuestro sentido de la belleza y lo que nos atrae. También puede revelar nuestros objetivos amorosos a largo plazo, como si buscamos formar una familia o si solo buscamos pasar un buen rato. Venus también puede darnos detalles sobre otros aspectos de nuestra vida social, como las cosas que buscamos en las amistades y el tipo de personas que nos atraen inmediatamente entre una multitud de desconocidos. Y, puesto que determina nuestro sentido de la belleza, nuestra preferencia por ciertos estilos de ropa podría verse afectada por la posición de Venus. Si no te identificas con los estilos que aparecen bajo tu signo ascendente, quizás tu Venus sea especialmente poderoso y haya influido en tu gusto por la moda.

Aries es un signo competitivo que anhela la emoción, por lo que alguien con Venus en Aries definitivamente disfruta persiguiendo (¡o siendo perseguido!) al comienzo de una relación. También necesitará mucha diversión cuando la relación esté más asentada para mantener el interés. En el extremo opuesto, un Cáncer ansioso preferirá estar con alguien que le dé seguridad. Un Cáncer Venus solo saldrá con alguien con quien sienta que puede formar una familia, y no se arriesgará a que le rompan el corazón. El optimista y divertido Sagitario siempre está buscando pasar un buen rato, por lo que un Venus Sagitario se sentirá atraído por alguien que pueda hacerle reír y que pueda llevarle a divertidos viajes.

Marte

Marte, el regente de Aries, simboliza todas las partes de la humanidad que aún son animales y primarias. Es nuestro instinto de supervivencia, la agresividad y la energía. La posición de Marte nos dice qué cosas nos ponen nerviosos y cómo nos comportamos una vez que nos hemos enfadado. Aunque muchas personas tratan a Marte como si solo controlara nuestra agresividad, este signo también trabaja en tándem con Venus para describir la otra mitad de nuestra vida romántica. Mientras que Venus nos muestra lo que nos atrae y lo que nos parece bello, la posición de Marte nos habla de nuestros deseos más primarios, nuestros impulsos sexuales y nuestra química física. Si quieres saber si eres compatible con alguien para una aventura de una noche y no para una relación a largo plazo, la posición de Marte puede ser una mejor opción que la de Venus.

Las personas con Marte en Géminis necesitan estímulos constantes para sentirse comprometidas, concentradas y dar lo mejor de sí mismas. Es probable que tengan que saltar rápidamente de una tarea a otra si quieren completar cualquier cosa de su lista de tareas pendientes. También necesitan darle un toque picante a sus relaciones a menudo, especialmente en el dormitorio. En cambio, alguien con Marte en Libra se pone muy nervioso si se ve obligado a elegir un bando en una situación o discusión, sobre todo si preferiría mantenerse neutral. Odian ver las cosas en blanco y negro y pueden enfadarse cuando el gris no es una opción. Marte en Capricornio siente a veces una necesidad instintiva de control, pero si es capaz de refrenar ese impulso, es capaz de utilizar su ira para impulsar la acción, la planificación y el cambio.

Júpiter

Júpiter simboliza nuestras esperanzas, sueños y potencial de expansión. No es de extrañar que los Sagitario sean tan optimistas con un planeta como Júpiter como regente. Al observar nuestra colocación en Júpiter, aprendemos un poco más sobre nuestras habilidades ocultas y el tipo de comportamientos que nos ayudarán a progresar en la vida. Júpiter también nos da la pasión que necesitamos para conseguir dinero y ser hábiles en nuestros trabajos, así que puede que veas muchas de las cosas que te emocionan y motivan reflejadas también en tu posición de Júpiter. Sin embargo, Júpiter no siempre es positivo. Este signo también nos indica el tipo de cosas que pueden volvernos engreídos o egocéntricos si tenemos demasiado. Si alguna vez te preguntas por qué una persona desagradable actúa como lo hace, ¡su signo de Júpiter podría explicar gran parte de su comportamiento!

Por ejemplo, a alguien con Júpiter en Acuario le motivan las cosas raras o inusuales. Es posible que quiera probar algo solo porque no lo ha hecho antes. Tienen una curiosidad natural y una mente muy abierta. Sin embargo, deben tener cuidado de no creerse más especiales que los demás por su singularidad. Alguien con Júpiter en Cáncer estará muy motivado por la necesidad de cuidar de los demás o de ser justo con ellos, por lo que rendirá bien en su trabajo cuando sienta que la justicia está en juego. Sin embargo, si se sienten demasiado atrapados en este empeño, pueden mostrarse reacios a cambiar y a probar cosas nuevas. Por último, a Júpiter en Aries le motiva la competencia, las oportunidades de aprender y las posibilidades de liderazgo. Adorarán cualquier trabajo en el que exista la posibilidad de escalar posiciones. También pueden ser propensos a comportamientos arriesgados o a iniciar demasiados proyectos a la vez sin terminar ninguno.

Saturno

Saturno, regente del disciplinado Capricornio, simboliza la ley, la responsabilidad y la ambición. También es un planeta muy arraigado y nos habla de la realidad de nuestras vidas. A menudo ilustra los tipos de obstáculos a los que nos vamos a enfrentar, los tipos de preguntas que debemos hacernos y mucho más. Saturno es siempre un maestro muy útil. Independientemente de dónde nos encontremos en la vida o de lo que nos propongamos hacer, observar nuestra colocación de Saturno puede ser beneficioso para nuestro crecimiento general. Una vez que conozcas la lección que Saturno tiene para ti, seguramente verás grandes mejoras en tu vida y estarás listo para abordar la próxima aventura. Puede que no sea fácil, especialmente porque Saturno tiende a hacer grandes preguntas filosóficas, ¡pero valdrá la pena!

Si tu Saturno está en Piscis, entonces ser emocionalmente abierto puede ser un reto para ti. Aunque todos tus amigos y compañeros acuden a ti en busca de orientación emocional, a ti también te cuesta pedir ayuda. Saturno está intentando animarte a que te abras y aceptes la ayuda que mereces. Leo es amante de la diversión, por lo que alguien con su Saturno en Leo puede haber tenido muchos problemas para divertirse en el pasado. Tal vez tuvieron que crecer demasiado deprisa o sufrieron acoso por las cosas que les producían placer. Saturno quiere que vuelvas a conectar con tu niño interior y aprendas a divertirte de nuevo. A los Tauro les encantan las posesiones materiales y se sienten más reconfortados cuando están rodeados de cosas bellas. Es posible que alguien con Saturno en Tauro no tenga ninguna tendencia materialista y se sienta retado a mimarse un poco, o que esté demasiado apegado al dinero y defina su valía en función de cuánta riqueza acumule. Si ese es el caso, Saturno quiere que se den cuenta de que valen más que sus cuentas bancarias.

Urano

Urano, el regente del futurista Acuario, simboliza los cambios impredecibles y los sucesos repentinos. Urano cambia de rumbo muy lentamente, por lo que suele predecir cambios generacionales más que personales. Por ejemplo, Urano estará en Tauro desde 2021 hasta 2026. Sin embargo, podemos observar a Urano en nuestras cartas para ver cómo nuestras vidas individuales se ven afectadas por cambios repentinos. Urano es el emplazamiento *perfecto* para aquellos a los que les gusta planificar o que buscan predecir el futuro; nos habla de lo inesperado y de las principales tendencias que se avecinan. En el pasado, los astrólogos han utilizado su posición para predecir la creación de nuevas tecnologías, ¡y mucho más!

Todas las personas nacidas entre 1995 y 2003 tienen a Urano en Acuario. No es de extrañar, ya que Acuario es previsor y creativo, y las personas nacidas entre estos años no han conocido una época sin Internet. También suelen tener ideales más progresistas y siempre están pensando en el futuro y en la humanidad en su conjunto. Urano estuvo en Sagitario de 1981 a 1988. Sagitario es un pionero y también lo son las personas nacidas en esta época. Contienen el grueso de los millennials mayores que han estado remodelando nuestros sistemas educativos y rechazan el horario laboral de nueve a cinco. Y, durante los años 2003 a 2011, cuando Urano estaba en Piscis, el mundo estaba teniendo discusiones más abiertas sobre la curación, la salud mental y la espiritualidad. Parece apropiado para los Piscis suaves y espiritualmente sintonizados.

Neptuno

Neptuno, el regente de Piscis, es el planeta de los sueños, los delirios y la inspiración. Tiene un gran efecto en las artes, incluyendo la danza, la música y la poesía, y su rotación se ha correspondido con muchos movimientos artísticos a lo largo de la historia. Neptuno se mueve con extrema lentitud; tarda unos 146 años en recorrer los 12 zodíacos y pasa aproximadamente 14 años en cada uno de ellos. Neptuno se encuentra actualmente en su signo nativo de Piscis, donde ha estado desde 2011 y permanecerá hasta 2025. Esto significa que muchas personas durante este tiempo pueden estar recurriendo al escapismo como una forma de lidiar con la realidad, lo cual tiene sentido con las recientes mejoras en los videojuegos, gráficos de películas y más. Después de eso, se moverá a Aries, que predice que las personas se volverán más firmes en sus creencias y estarán más dispuestas a defender lo que es correcto. El arte también puede adoptar una nueva forma y volverse más "directo", por así decirlo.

Plutón

En realidad, Plutón, el regente de Escorpio, no se descubrió hasta 1930 y fue degradado a "planeta enano" en 2006, pero los astrólogos mantienen que su atracción gravitatoria es lo bastante fuerte como para seguir afectando al zodíaco y a la forma en que entendemos la astrología. Plutón es un planeta de poder, y da mucha fuerza a cualquier signo en el que se encuentre en ese momento. Por ejemplo, Plutón estuvo en Sagitario de 1995 a 2006, y tuvo una influencia adicional en todos los demás signos de fuego. Durante ese tiempo, se quemaron muchas falsedades y mentiras, y surgieron nuevas verdades. Esto está relacionado con la curiosidad natural de Sagitario y su deseo de conocimiento. Desde entonces, Plutón ha estado en Capricornio y permanecerá allí hasta 2024. La última vez que Plutón estuvo aquí, fue durante la Revolución Americana, cuando la gente enfatizaba la "búsqueda de la felicidad" y ponía un gran énfasis en la libertad y los deseos del individuo. Desde entonces, la felicidad ha sido difícil de encontrar, y Plutón vuelve a ilustrar lo infelices que han sido las personas en nuestros sistemas actuales. Aquí, la disciplina de Capricornio ha sido algo negativo, y Plutón está llamando nuestra atención sobre ello.

Otros cuerpos celestes

En nuestro cielo hay más cosas que el Sol y los demás planetas de nuestro sistema solar. Nuestro universo es inmenso y contiene una enorme cantidad de objetos diferentes, y algunos de ellos están lo suficientemente cerca como para tenerlos en cuenta a la hora de interpretar el zodiaco. No solo eso, sino que hay ciertos puntos matemáticos, como el "Lilith", que se utilizan para determinar ciertas cualidades de nuestras personalidades.

Lilith

Este misterioso signo no es en realidad indicativo de un punto de referencia físico en absoluto. En su lugar, es un punto matemático que está relacionado con el ciclo de la Luna. La Luna se desplaza de forma elíptica alrededor de la Tierra, lo que significa que a veces se encuentra bastante lejos de nosotros y otras, bastante más cerca. Sea cual sea la posición de la Luna, podemos calcular cuál es su punto más alejado, denominado *apogeo*. Dondequiera que se encuentre ese punto, se denomina "Lilith" o, a veces, "Luna Negra". Su ubicación nos indica dónde brillamos realmente y somos capaces de seguir nuestro propio camino, en lugar de seguir a la multitud. Por ejemplo, los que tienen a Lilith en Virgo siempre están preparados para el desastre y son capaces de actuar de forma independiente cuando otros se quedan paralizados. Si su Lilith está en Capricornio, son capaces de actuar como líderes y no necesitan ningún consejero o mano derecha que les ayude a tomar decisiones mientras están en la cima. Y si Lilith está en Piscis, pueden escuchar sus sueños e intuiciones aunque todo el mundo les diga que están equivocados.

Cometas

Estos cuerpos celestes son a veces muy impredecibles, por lo que es difícil saber *exactamente* cuál será su influencia. Sin embargo, algunos estudios realizados por astrólogos sobre determinados cometas, como el Panstarrs, nos dicen que suelen traer un choque drástico e imprevisto. Panstarrs voló de Acuario a Piscis y desapareció en Aries entre los días 12 de febrero y 9 de marzo de 2013, y durante ese tiempo se produjeron una serie de acontecimientos impactantes. Corea del Norte y Corea del Sur dejaron de cooperar, el Papa Benedicto XVI dimitió y un meteorito cayó en Rusia y dejó 1.400 heridos. Este es también un patrón para múltiples cometas. La Crisis de Suez comenzó cuando el cometa "Arend-Roland" estaba en nuestros cielos en 1957, que fue también el año en que nació Osama bin Laden. Muchas de las calculadoras de cartas natales que se pueden encontrar en Internet incluyen la ubicación de los cometas más importantes e incluso ofrecen una descripción de lo que los astrólogos suponen que significa su aparición en su carta, pero, por regla general, creemos que los nacidos mientras un cometa está en el cielo son pensadores innovadores que no se resisten al cambio, son buenos bajo presión y están dispuestos a aceptar puntos de vista más progresistas.

Estrellas

Hay unas 5.000 estrellas visibles en nuestro cielo nocturno, y algunos astrólogos utilizan hasta 100 de ellas para hacer predicciones o crear cartas natales detalladas. Estas estrellas suelen representar cosas diferentes y se utilizan si su relación con otra posición de la carta es notable o destaca de algún modo. Por ejemplo, la estrella "Aldebarán" es la estrella dominante en la constelación de Tauro y es un indicador de fama, fortuna y popularidad, pero podría predecir una muerte violenta. John F. Kennedy tenía a Aldebarán en posición de conjunción con su Sol, y su hijo, John F. Kennedy Jr., la tenía en su signo ascendente. Ambos tuvieron muertes violentas y espantosas, pero gozaron de fama durante su vida. 'Antares' es la estrella alfa en Sagitario, y es indicativo de un espíritu aventurero y valentía, pero también es un signo de múltiples matrimonios, pérdidas repentinas y lesiones en los ojos. Brittney Spears, Woody Allen y Bette Midler tienen Antares conjunción a sus signos solares.

Capítulo 5: Utilización del zodíaco

Ahora que ya sabes lo que representan las distintas colocaciones y los 12 signos, puede que te sientas preparado para utilizar ese conocimiento en tu beneficio. El zodíaco es algo más que un test de personalidad o un truco interesante para utilizar en las fiestas; también puede ser una herramienta que te ayude en distintos momentos de tu vida. La astrología tiene una respuesta para ti, tanto si buscas un nuevo amor como si quieres optar a diferentes puestos de trabajo o simplemente buscas una forma de mejorar tu vida cotidiana. Voy a cubrir una serie de métodos diferentes para aprovechar sus nuevos conocimientos astrológicos de manera sencilla y accesible para el principiante. En concreto, hablaré del uso de cristales, de conceptos básicos de compatibilidad de signos y de conceptos relacionados con el tiempo, como los Retornos y los Retrógrados.

Cristales

Aunque estés empezando tu viaje espiritual, es posible que ya hayas oído hablar de los poderes mágicos de los cristales. Los cristales y las piedras son *enormes* imanes de energía y pueden utilizarse para ayudarte a atraer la energía específica que deseas. Llevar un cristal en el bolsillo, junto a la cama o utilizarlo como herramienta de meditación es una forma fantástica de manifestar tus deseos. Puedes elegir cristales específicos según lo que quieras en ese momento, o puedes equilibrar tus energías generales eligiendo un cristal que resuene con tu signo del zodiaco. Cuando hagas esto, puedes utilizar la posición de tu Sol para una mejora general, o puedes centrarte en una posición diferente eligiendo una piedra que funcione mejor para ella. ¿Tus emociones han sido impredecibles? ¡Tal vez deberías intentar equilibrar la posición de tu Luna!

- **Aries**: Un Aries que ha perdido su fuego está deprimido, ansioso y a menudo bastante fatigado. Para ayudar a reavivar este signo, prueba piedras rojas como la cornalina y el jaspe rojo o piedras con mucha energía solar, como el citrino.

- **Tauro**: Los Tauro están en su mejor momento cuando su energía es tranquila y serena, en lugar de terca y testaruda. Las piedras que los mantienen relajados, como la amazonita, la selenita y el cuarzo ahumado, los ayudarán a sentirse increíbles.

- **Géminis**: Aunque este signo es extrovertido y burbujeante, a veces sus mentes se mueven demasiado rápido y los hacen propensos a la ansiedad extrema. Algunos cristales que pueden aliviar esto son la shungita, la amazonita y el ojo de tigre.

- **Cáncer**: Los Cáncer son tan empáticos y sensibles que les afecta mucho la negatividad, por lo que necesitan piedras que protejan sus energías. Algunas buenas opciones son la selenita, la labradorita y el jaspe rojo.

- **Leo**: El orgulloso y dramático Leo es propenso a tener la cabeza demasiado en las nubes y perder de vista la realidad. Para evitarlo, las piedras de conexión a tierra como el ojo de tigre, el cuarzo rosa y el granate asegurarán que se mantengan conectados con los demás.

- **Virgo**: Los Virgo a menudo están atrapados en su perfeccionismo y necesitan un recordatorio de que pueden estar contentos con la forma en que son las cosas. Piedras como la amazonita, la amatista y la fluorita pueden ayudarles con eso.

- **Libra**: Los Libra se sienten mejor cuando están rodeados de aventuras y risas, por lo que funcionan bien con piedras que les ayuden a sentirse seguros mientras persiguen cosas nuevas. El ojo de tigre, la amatista y la piedra de sangre podrían encajar bien.

- **Escorpio**: Al ser tan decidido como sensible, un Escorpio podría necesitar ayuda para mantener su energía equilibrada y asegurarse de que puede seguir siendo tan independiente como desea. Piedras como la turmalina rosa, amatista, y K2 puede proporcionar que para ellos.

- **Sagitario**: Como amantes de la aventura, los viajes y las experiencias, el agotamiento es el peor enemigo de los Sagitario. Funcionan mejor con piedras que los repongan y protejan, como la lepidolita, el cuarzo ahumado y la shungita.

- **Capricornio**: Los Capricornio *siempre* se esfuerzan por ser los mejores, lograr todo lo que quieren en la vida y hacerlo todo con estilo. También pueden ser muy duros consigo mismos si no pueden hacerlo todo a la *perfección*, por lo que las piedras de amor propio como el cuarzo rosa, el granate y el cuarzo ahumado les ayudarán enormemente.

- **Acuario**: Los Acuario siempre están mirando hacia el futuro, y aunque eso suele ser algo bueno, pueden desequilibrarse y perder de vista el presente. Apreciarán las piedras que los enraízan pero los mantienen unidos a su yo superior, como la lepidolita, la amatista y el cuarzo turmalinado.

- **Piscis**: Los Piscis, al igual que Sagitario, corren el riesgo de agotarse, pero en un sentido emocional y espiritual. Necesitan cristales que les ayuden a mantener alta su energía sin dejar de expresarse, como el cuarzo claro, la cornalina y la crisocola.

Compatibilidad

Muchas personas empiezan a explorar la astrología específicamente porque quieren aprender a juzgar la compatibilidad entre las personas. Tanto si buscan un nuevo amor o amigos como si se preguntan si se llevarán bien con sus compañeros de trabajo, a veces es difícil desenvolverse en situaciones sociales, y la astrología puede ser una herramienta muy útil. Recuerda que utilizar solo tu signo solar no *siempre* es útil a la hora de juzgar la compatibilidad; mira tus signos de Venus para una lectura general del amor y tu Marte si tienes curiosidad por el dormitorio. Para relaciones más platónicas, los signos lunares también pueden ser especialmente relevantes. Recuerda también que el zodíaco *no está* escrito en piedra. Si dos personas están decididas a hacer que una relación funcione, ¡por lo general *puede* funcionar! Dicho esto, éstas son las compatibilidades básicas entre signos:

- **Aries**: Más compatible con Géminis y Acuario, menos con Cáncer y Capricornio.

- **Tauro**: Más compatible con Cáncer y Piscis, menos compatible con Leo y Acuario.

- **Géminis**: Más compatible con Aries y Leo, menos compatible con Virgo y Piscis.

- **Cáncer**: Más compatible con Tauro y Virgo, menos compatible con Aries y Libra.

- **Leo**: Más compatible con Géminis y Libra, menos compatible con Escorpio y Tauro.

- **Virgo**: Más compatible con Cáncer y Escorpio, menos compatible con Géminis y Sagitario.

- **Libra**: Más compatible con Leo y Sagitario, menos compatible con Cáncer y Capricornio.

- **Escorpio**: Más compatible con Virgo y Capricornio, menos compatible con Leo y Acuario.

- **Sagitario**: Más compatible con Libra y Acuario, menos compatible con Virgo y Piscis.

- **Capricornio**: Más compatible con Escorpio y Piscis, menos compatible con Aries y Libra.

- **Acuario**: Más compatible con Aries y Sagitario, menos compatible con Tauro y Escorpio.

- **Piscis**: Más compatible con Tauro y Capricornio, menos compatible con Géminis y Sagitario.

Retornos planetarios

Dado que los planetas se mueven en un ciclo, hay varios momentos en tu vida en los que un planeta vuelve exactamente a la misma posición en la que estaba el día en que naciste. En astrología, esos momentos se denominan "retornos" y tienen una serie de propiedades místicas, dependiendo del planeta que los produzca. En general, representan nuevos comienzos, una oportunidad de crecimiento o una nueva oportunidad. Piensa en ellos como otro nacimiento para cualquier aspecto de la vida que simbolice el planeta. Los retornos son especialmente útiles para cualquier persona que utilice la astrología porque le ayudan a decidir cuál es el mejor momento para emprender cosas nuevas. ¿Quieres volver a salir con alguien pero no sabes cuándo sería el momento adecuado? Tal vez debería esperar a su retorno de Venus antes de volver a descargar esa aplicación de citas.

Algunos retornos ocurren con mucha frecuencia, como el "Retorno Lunar". Éste se produce una vez al mes. Otros también son mensuales, como el del Sol, Mercurio y Venus. Otros tardan varios años en producirse. El a menudo temido "Retorno de

Saturno", por ejemplo, solo ocurre cada 29,5 años, mientras que nuestro Retorno de Júpiter será cada 12-13 años.

Analicemos los efectos individuales de cada Revolución. La Revolución Solar se produce una vez al año, alrededor del mes de tu cumpleaños. ¿Alguna vez te has sentido más dispuesto a probar cosas nuevas o a marcarte nuevos objetivos alrededor de tu cumpleaños? Eso se debe a que el Sol le concede la oportunidad de recrear su vida una vez que regresa a su estación. Tu Retorno Lunar ocurre 13 veces al año, cuando la Luna vuelve a entrar en la misma fase en la que estaba cuando naciste. Puede ser una buena oportunidad para "reiniciar" tu emoción por defecto y establecer el tema para el mes siguiente. El retorno de Mercurio se produce una vez al año y suele coincidir con la fecha de tu cumpleaños, aunque no suele ser el mismo día. Prevé un nuevo estilo de comunicación, modo de expresarse y oportunidades de adquirir conocimientos. El Retorno de Venus también se produce una vez al año, pero puede estar muy lejos de nuestro cumpleaños. Es el mejor momento para buscar nuevas relaciones, tanto románticas como platónicas. El Retorno de Marte es cada 1,5-2 años y puede simbolizar el cambio de pasiones, aficiones y motivaciones. Nuestro primer Retorno de Júpiter se produce al comienzo de la pubertad, y suele venir acompañado de grandes hitos, crecimiento y desarrollos. El temido "Retorno de Saturno" llega en momentos de nuestra vida en los que tendemos a reevaluar hacia dónde nos dirigimos y a tomarnos en serio a nosotros mismos, como cuando estamos a punto de entrar en la treintena y cuando entramos en la sesentena.

Si quieres aprovechar tus Retornos y estar preparado para ellos, puedes calcular tu carta de Retorno. Es similar a una carta natal, pero contiene información específica sobre cuándo los planetas volverán a las posiciones que ocupaban al nacer.

Retrogrados planetarios

Los "retrógrados planetarios" son quizá las partes más temidas e incomprendidas de la astrología. Cuando alguien oye que un planeta está "retrógrado", independientemente de cuál sea, todo el mundo asume que su vida se va a poner patas arriba hasta que termine el retrógrado. Aunque algunos retrógrados pueden ser un poco locos, no son tan malos como mucha gente piensa. Un "retrógrado" se produce cuando un planeta parece retroceder desde nuestra perspectiva en la Tierra. *En realidad*, los planetas no retroceden. Es una ilusión causada por el patrón de su ciclo. Imagínate que estás en la línea de salida de una carrera y, cuando suena el silbato, la persona que está a tu lado sale mucho más rápido que tú. Durante un instante, puede que tengas la sensación de estar retrocediendo, pero es solo porque tu velocidad difiere de la de la otra persona. *Eso* es un retrógrado; *en realidad* nadie está retrocediendo, pero resulta confuso.

Los retrógrados nos afectan de forma similar. Durante un retrógrado, la vida nos puede plantear un reto particular que nos haga sentir que retrocedemos y que perdemos progreso. No se desanime, en realidad es un progreso disfrazado. Aprenderá de ese desafío y podrá progresar aún más eficazmente una vez superado. Un retrógrado también puede ser un buen momento para reflexionar sobre el pasado y recordar las lecciones que has aprendido hasta ahora.

El Sol y la Luna *nunca* retrogradan, pero los demás planetas sí lo hacen, y ocurre a ritmos variables. El "Mercurio retrógrado" es sin duda el más famoso, y ocurre de tres a cuatro veces al año y dura unas tres semanas cada vez que sucede. Aunque Mercurio suele animarnos a empezar cosas nuevas, su retrógrado es una señal para quedarse quieto, evaluar lo que has hecho hasta ahora y reflexionar. No tomes decisiones impulsivas, ¡seguro que te salen mal! Venus retrógrado, que se produce una vez cada 18 meses, es una oportunidad para reflexionar sobre nuestras relaciones y dejar atrás las antiguas, y Marte retrógrado, que se produce una vez cada 2-2,5 años, te ayudará a reevaluar dónde pones tu energía. El mismo mensaje se aplica al resto de los planetas; durante un retrógrado tienen el significado opuesto, ¡pero eso no significa necesariamente que sean negativos!

Conclusión

Gracias por dedicar tu tiempo a aprender un poco más sobre astrología.

A estas alturas, ya tendrás un buen conocimiento básico de los diferentes signos solares, lunares y ascendentes, y del impacto que cada uno de ellos tiene en nuestra personalidad y temperamento.

Con la lectura de este libro también habrás adquirido una mayor comprensión de las personas que te rodean y de la mejor forma de interactuar con ellas en función de sus signos astrológicos. Además, habrás descubierto con qué personas eres más compatible tanto en las relaciones románticas como en las amistades.

Gracias una vez más por dedicar tu tiempo a aprender todo sobre la astrología. ¡Te deseo mucha suerte en tu viaje espiritual!

Referencias

Astrology. (s.f.). In *Cambridge Dictionary*. https://dictionary.cambridge.org/us/dictionary/english/astrology.

Astrology Planets and their Meanings, Planet Symbols and Cheat Sheet. (2018, January 27). Labyrinthos. https://labyrinthos.co/blogs/astrology-horoscope-zodiac-signs/astrology-planets-and-their-meanings-planet-symbols-and-cheat-sheet

Astrology: Celtic Symbols and Irish Astrology. (2013, January 2). Apanache. https://a-panache.com/irish-claddagh-ring/irish-astrology-symbols/

Brown, M. (2020, Septiembre 25). *What Your Moon Sign Means About Your Personality and Life Path*. Shape. https://www.shape.com/lifestyle/mind-and-body/moon-sign-meaning

Brown, M. (2021, Febrero 3). *How to Use Astrology to Judge Your Romantic — and Sexual — Compatibility*. Shape. https://www.shape.com/lifestyle/sex-and-love/astrology-zodiac-signs-compatibility

Campbell, S. (2020, Julio 8). *A Guide To What Retrograde Actually Means & How Each Planet's Retrograde Affects You*. StyleCaster. https://stylecaster.com/feature/what-does-retrograde-mean-1134829/

Chang, R. (2014, Octubre 30). *Comets in Astrology*. Www.astro.com.

https://www.astro.com/astrology/aa_article141030_e.
htm

Christoforou, P. (2016, Febrero 13). *How do Astronomy and Astrology Differ?* Astronomy Trek. https://www.astronomytrek.com/how-do-astronomy-and-astrology-differ/

Faragher, A. K. (2019, Diciembre 19). *What the Position of Venus in Your Birth Chart Means for You.* Allure. https://www.allure.com/story/venus-birth-chart-planet-of-love

Gat, A., David, S., & Bolen, A. (2019, Septiembre 11). *Mercury in the Signs: What Your Mercury Placement Means For You.* Www.vice.com. https://www.vice.com/en/article/8xwx3v/what-does-mercury-in-the-signs-mean-in-my-birth-chart

Geddes, L. (2019, Julio 31). *The mood-altering power of the Moon.* Www.bbc.com. https://www.bbc.com/future/article/20190731-is-the-moon-impacting-your-mood-and-wellbeing

Geller, L. (2019, Junio 13). *Why Knowing Your Mars Sign Might Help You Control Your Anger.* Women's Health. https://www.womenshealthmag.com/life/g27912214/mars-sign/?slide=10

Ghaneh, I. (2008, Julio 14). *What To Expect Astrologically Under Pluto In Capricorn.* Llewellyn Worldwide. https://www.llewellyn.com/journal/article/1566

Grabianowski, E. (2005, Mayo 26). *What is Astrology?* HowStuffWorks.

https://entertainment.howstuffworks.com/horoscopes-astrology/question749.htm

Halsted, N. (2020, Julio 30). *Here's What Your Rising Sign Says About Your Appearance, According To Medical Astrology.* Thought Catalog. https://thoughtcatalog.com/nikki-halsted/2020/07/heres-what-your-rising-sign-says-about-your-appearance-according-to-medical-astrology/

Houlding, D. (s.f.). *Skyscript: The Life & Work of Ptolemy by Deborah Houlding.* Www.skyscript.co.uk. http://www.skyscript.co.uk/ptolemy.html

Jarus, O. (2017, Septiembre 8). *Ancient Babylon: Center of Mesopotamian Civilization.* Live Science. https://www.livescience.com/28701-ancient-babylon-center-of-mesopotamian-civilization.html

Keene, B. (2019, Mayo 17). *Written in the Stars: Astronomy and Astrology in Medieval Manuscripts.* Brewminate. https://brewminate.com/written-in-the-stars-astronomy-and-astrology-in-medieval-manuscripts/

Lantz, P. (s.f.). *Stars in Astrology.* LoveToKnow. https://horoscopes.lovetoknow.com/astrology-signs-personality/stars-astrology

Miller, S. (s.f.). *Neptune.* Susan Miller Astrology Zone. https://www.astrologyzone.com/learn-astrology/the-planets/neptune/

Ourisman, J. (2020, Julio 30). *The Best Crystals for Your Zodiac Sign, According to an Expert.* FabFitFun.

https://fabfitfun.com/magazine/crystals-for-your-zodiac-sign/

Planetary Returns. (s.f.). Horoscope.com. https://www.horoscope.com/astrology/returns/

Roberts, T. (2014, Julio 11). *Jupiter – Meaning and Influence in Astrology*. Insightful Psychics. https://www.insightfulpsychics.com/jupiter-planets-astrology/

Sesay, A. (2020, Octubre 20). *Your Saturn Sign Is Your Cosmic Teacher—Here's How to Find Yours*. Cosmopolitan. https://www.cosmopolitan.com/lifestyle/a34426595/saturn-sign-meaning/

Sesay, A. (2021, Marzo 9). *Your Uranus Sign Knows How You'll Change the World*. Cosmopolitan. https://www.cosmopolitan.com/lifestyle/a35716192/uranus-sign-meaning/

Simone, E. (2019, Noviembre 12). *Here's How to Find Your Rising Sign in Astrology*. Allure. https://www.allure.com/story/rising-sign-personality-traits-astrology-ascendant-signs

Temming, M. (2014, Julio 14). *Astrology vs Astronomy: What's the Difference?* Sky & Telescope. https://skyandtelescope.org/astronomy-resources/whats-difference-astrology-vs-astronomy/

The 12 Animals of the Chinese Zodiac. (s.f.). Mandarinhouse.com. https://mandarinhouse.com/12-animals-of-the-chinese-zodiac

The Sun in Astrology, The Zodiac. (s.f.). Cafeastrology.com. https://cafeastrology.com/sun.html

Theodoros Karasavvas. (2017, Abril 9). *The 4,000 Year History of Horoscopes: How Astrology Has Been Shaped Throughout the Millennia.* Ancient-Origins.net; Ancient Origins. https://www.ancient-origins.net/history-ancient-traditions/4000-year-history-horoscopes-how-astrology-has-been-shaped-throughout-021321

Weaver, S. (s.f.). *Astrology Careers by Sun Sign | Metaphorical Platypus.* https://www.metaphoricalplatypus.com/fun-stuff/astrology/astrology-careers-by-sun-sign/

Wright, J. (2020, Diciembre 30). *What Your Lilith Sign (Aka Your Inner B*tch) Says About You.* PureWow. https://www.purewow.com/wellness/lilith-sign

Zodiac Signs. (2021). Costarastrology.com. https://www.costarastrology.com/zodiac-signs/

www.ingramcontent.com/pod-product-compliance
Lightning Source LLC
Chambersburg PA
CBHW070934120626
46546CB00004B/1413